Fluõ | Travel

BENIDORM

SPAIN

MINI SURVIVAL GUIDE

Benidorm: Mini Survival Guide
By Jan Hayes

Copyright © 2018, Jan Hayes. All rights reserved.
Edited and published by Fluo | Travel.

First Edition: May 2018

Scale / 1:7500

| ■■■■■■ 100m
| ■■■■■■■■■■ 500ft

Cover artwork inspired by a work by MiguelHermosoCuesta(https://commons.wikimedia.org/wiki/File:Benidorm_vista_01.JPG),https://creativecommons.org/licenses/by-sa/4.0/legalcode

Contains open data, licensed under the Open Data Commons Open Database License (ODbL) by the OpenStreetMap Foundation - © OpenStreetMap contributors.

While the publisher and the authors have used good faith efforts to ensure that the information and instructions contained in this work are accurate, the publisher and the authors disclaim all responsibility for errors or omissions, including without limitation responsibility for damages resulting from the use of or reliance on this work. Use of the information and instructions contained in this work is at your own risk.

No part of this book may be reproduced or utilized in any form or by any means, electronic or mechanical, including photocopying, recording, or by any information storage and retrieval system, without permission in writing from the author.

Contents

At a Glance	**1**
Points of Interest	**3**
Accommodation	3
Hotels	3
Eat & Drink	3
Bars	3
Cafes	5
Restaurants	5
Education	7
Libraries	7
Entertainment	7
Casinos	7
Finance	8
Atms	8
Banks	8
Exchange bureaus	8
Health	8
Clinics	8
Dentists	8
Pharmacies	8
Shops & Services	9
Police	9
Supermarkets	9
Tourism	9
Information	9
Religious	9
Transport	9
Bicycle rentals	9
Car rentals	10
Fuel stations	10
Stations	10
Map	**11**
Phrasebook	**23**
Basics	23
Problems	24
Numbers	24
Days	25
Months	26
Colors	27
Lodging	27
Moving around	27
Eating	28
Shopping	28

At a Glance

Country	Spain
Region	Valencian Community
Native Name	Benidorm
Established	1245 AD
Language	Spanish
Currency	Euro (EUR)
Plug Type	C, F (230V)
Driving	Right-hand
Population	69010
Area	38.51 sq.kms
Postal Code	03501–03508
Area Code	+(34)96
Timezone	CET (+1)
Timezone DST	CEST (+2)

ACCOMMODATION

 ## HOTELS

Apartamentos Don Jorge ▷ 22 Calle de Oslo 2 • **Aquarium II Apartments** ▷ 21 Av. Juan Fuster Zaragoza 11 • **Atenea** ▷ 14 Calle de la Montera 10 • BENIDORM SUITES ▷ 16 Calle Marbella 2 • **Ben Loix** ▷ 22 Av. Juan Fuster Zaragoza 7 • **Benibeach Appartments** ▷ 19 Av. Armada Española 7 • **Carlos I** ▷ 14 Av. Foietes 6 • **Fiesta Park** ▷ 14 Av. Foietes 2 • **Gala Placidia** ▷ 22 Av. de Roma 4 • HOTEL CABALLO DE ORO ▷ 16 Av. de Cuenca 22 • HOTEL HELIOS ▷ 21 Av. de Filipinas 12 • **Hostal Asturias** ▷ 20 Calle San José Artesano 2 • **Hotel Alameda** ▷ 20 Alameda de l'Alcalde Pedro Zaragoza Orts 34 • **Hotel Avenida** ★★★★★ ▷ 20 Calle Gambo 2 • **Hotel Benidorm Plaza** ★★★★ ▷ 20 Av. Emilio Ortuño 18A • **Hotel Canfali** ▷ 20 Plaça de Sant Jaume 5 • **Hotel Condestable** ▷ 20 Calle Condestable Zaragoza 36 • **Hotel Fetiche** ▷ 20 Panaderos 4 • **Hotel Golden** ▷ 19 Av. Rei Jaume I 12c • **Hotel Internacional** ▷ 20 Passeig de la Carretera 42 • **Hotel Joya** ▷ 15 Av. de Andalucía 2 • **Hotel Los Angeles** ▷ 20 Ctra. dels Àngels 1 • **Hotel Marconi** ▷ 19 Calle San Pedro 28 • **Hotel Mayna** ▷ 20 Avenida de Ruzafa 25 ☎ 965854412 • **Hotel Melina** ▷ 19 Plaza de España 2 • **Hotel Mont Park** ▷ 22 Calle de Manila 5 • **Hotel RH Sol** ▷ 20 Carrer del Pintor Lozano 5 • **Hotel Santa Faz** ▷ 20 Carrer de Santa Faç 20 • **Hotel Servigroup Pueblo Benidorm** ▷ 21 Av. de Filipinas 13 • **Hotel Tanit** ▷ 20 Carrer dels Ametlers - Avenida de los Almendros 1 • **Hotel Victoria** ▷ 20 Carrer de Finestrat 5 • **Las Bermudas** ▷ 22 Av. de Estocolmo 17 • **Magic Cristal Park** ▷ 20 Carrer de l'Hondo 2 • **Nadal** ▷ 22 Av. Madrid 44 • **Ona sol** ▷ 22 Av. de Estocolmo 32 • **Palm Beach Hotel** ▷ 22 Calle de Oslo 2 • **Perla** ▷ 21 Calle Lepanto 18 • **Primavera** ★★ ▷ 19 Calle Gardenias 10 • **Rambla Benidorm** ▷ 14 Calle Atocha 10 • **Rialto;Mayra** ▷ 22 Av. de Estocolmo 14 • **Sol y Sombra** ▷ 14 Calle Florida 3 • **Villa del Mar** ▷ 19 Av. Armada Española 1

EAT & DRINK

 ## BARS

A & J's Bar ▷ 20 Carretera Doctor Pérez Llorca 4 • **Acuarium** ▷ 22 Av. Ametlla de Mar 17 • **Alameda 20** ▷ 20 Alameda de l'Alcalde Pedro Zaragoza Orts 20 • **Aloha Bar** ▷ 20 Plaza Castelar 6 • **Apolo** ▷ 20 Calle San José Artesano 6 • **Baby Buddha** ▷ 22 Avenida de Madrid 38 • **Bahamas** ▷ 21 Av. de Mallorca 5 • **Bar Domino** ▷ 20 Carrer de Sant Miquel 12 • **Bar La Choza** ▷ 15 Calle Buen Pastor 2 • **Bar Molina Centro** ▷ 14 Calle de Alcalá 10 • **Bar One** ▷ 22 Calle de Manila 5 • **Bar Raffles** ▷ 18 Av. Armada Española 17 • **Bar Tiki Beach** ▷ 21 Av. Madrid 14 • **Bar Zarzosa** ▷ 20 Carrer del Metge Pérez Martorell 12 • **Bar deportivo Campos del Rincón** ▷ 16 Av. de Zamora 13 — 17 Av. de Zamora 13 • **Bazza Lounge Beach** ▷ 21 Av. Castelló 4 • **Beach Club Penelope** ▷ 20 Avinguda Alcoi 11 • **Beach Terrace** ▷ 21 Avinguda de Madrid - Avenida de Madrid 26 • **Beachcomber** ▷ 21 Av. de Mallorca 7 • **Beer House** ▷ 20 avenida del Mediterráneo - Avinguda del Mediterrani 11 • **Bike Bar** ▷ 19 Av.

Armada Española 3D • **Bikini** ▷ 22 Av. Madrid 37 • **Black & White** ▷ 18 Avinguda de Vicent Llorca Alós 7 • **Black Chicken** ▷ 21 Calle Gerona 40 • **Bohemia** ▷ 18 Av. Vicente Llorca Alós 13 • **Bravo Lounge** ▷ 18 Avinguda de Vicent Llorca Alós 2 • **Buddha Bar** ▷ 20 Carrer de la Santa Faç 10 • **Cafe Benidorm** ▷ 21 Calle Lepanto 18 • **Calumbys** ▷ 20 Avinguda Alcoi 2 • **Carla's Trefpunt** ▷ 22 Calle de Londres 1 • **Casbah** ▷ 22 Calle Alcalde Manuel Catalán Chana 2 • **Champions Bar** ▷ 21 Calle Derramador 7 • **Chaplin** ▷ 21 Av. de Mallorca 8 • **Cheap & Cheers** ▷ 20 Avinguda Alcoi 7 • **Cheers** ▷ 19 Avinguda de l'Armada Espanyola 2 • **Coach & Horses** ▷ 19 Calle San Pedro 24 • **Cocktail Bar** ▷ 17 Avenida de l'Almirall Bernat de Sarria 15 • **Coconut** ▷ 16 Av. de Zamora 11 • **Colliers Bar** ▷ 20 Carrer de Martínez Oriola 11 • **Copacabana Saloon** ▷ 21 Avinguda de Madrid - Avenida de Madrid 16 • **Cumberland** ▷ 21 Calle Gerona 46 • **Daikiri** ▷ 21 Av. del Mediterráneo 54 • **Danny's** ▷ 19 Av. Armada Española 5 • **Daytona** ▷ 20 Avinguda Alcoi 15 • **De Leeuw** ▷ 21 Av. Madrid 24 • **Don Asador** ▷ 20 Carretera Doctor Pérez Llorca 4 • **Don Mejillón** ▷ 18 Avinguda de l'Armada Espanyola 21 • **EL BIGOTES** ▷ 15 Av. Rei Jaume I 52 • **El Granaino** ▷ 15 Avenida de los Limones 24 • **El Tunel** ▷ 19 Av. Armada Española 1 • **Excalibur** ▷ 20 Carrer Sant Miquel 7 • **Gallowgate** ▷ 22 Av. Juan Fuster Zaragoza 2 • **Gomorra** ▷ 20 Avinguda Alcoi 7 • **Gusto!** ▷ 19 Calle San Pedro 4 • **Harbour View** ▷ 19 Calle San Pedro 22 • **Hat Trick** ▷ 17 Av. de Zamora 9 • **HeartBreak American Bar** ▷ 20 Avinguda Alcoi 11 • **Hippodrome** ▷ 21 Av. de Mallorca 7 • **Incógnito Bar** ▷ 19 Carrer d'Uruguai - Calle de Uruguay 8 ☎ 966 80 56 60 • **Isabella** ▷ 15 Calle de Urano 17 • **Isidro** ▷ 20 Calle de Antonio Ramos Carratalá 2 • **JJ Bar** **Prívate** ▷ 19 Carrer d'Uruguai - Calle de Uruguay 4 ☎ 966 80 56 60 • **Jailrock Cabaret** ▷ 21 Calle Gerona 33 • **Jalapeños** ▷ 21 Av. Castelló 4 • **Jarrow Lad** ▷ 19 Calle San Pedro 22 • **Jokers Disco Garden** ▷ 21 Calle Lepanto 19 • **Jonny's Beach Bar** ▷ 20 Carretera Doctor Pérez Llorca 4 • **KM** ▷ 20 Avinguda Alcoi 9 • **KU Lounge Cafe** ▷ 20 Avinguda d'Alcoi - Avenida de Alcoy 6 • **La Aeronaval** ▷ 19 Av. Armada Española 3A • **La Barriga** ▷ 20 Carretera Doctor Pérez Llorca 4 • **La Casona** ▷ 20 Ctra. dels Àngels 11 • **La Sal de María** ▷ 20 Carrer del Pal 1 • **Las Jarras** ▷ 21 Avinguda de Madrid - Avenida de Madrid 14 • **Le Bistrot** ▷ 20 Carretera Doctor Pérez Llorca 4 • **Lennon's** ▷ 21 Av. de Mallorca 7 • **Lil Bobs** ▷ 21 Avinguda de Madrid - Avenida de Madrid 26 • **Lizy's Bar** ▷ 18 Av. Armada Española 21 • **Loch Ness Fun Pub** ▷ 21 Av. de Filipinas 7 • **London's Bar** ▷ 22 Calle de Londres 1 • **Los 7 Pecados** ▷ 20 Carrer Molí 12 • **MCL** ▷ 20 Calle San José Artesano 7 • **Mad Munk** ▷ 22 Av. Juan Fuster Zaragoza 3 • **Mar Azul** ▷ 21 Av. Juan Fuster Zaragoza 8 • **Med 23** ▷ 21 Av. del Mediterráneo 23 • **Moon Beach** ▷ 20 Avinguda d'Alcoi - Avenida de Alcoy 6 • **Morgan's Tavern** ▷ 21 Calle Gerona 42 • **Nabab** ▷ 20 Avinguda de Martínez Alejos 16 • **Nacional** ▷ 14 Carrer Maravall 29 • **Nuevo Astoria** ▷ 20 Calle Herrerías 5 • **Oasis** ▷ 21 Avinguda de Madrid - Avenida de Madrid 30 • **One** ▷ 21 Avinguda de Madrid - Avenida de Madrid 22 • **Outback Aussie Bar** ▷ 21 Av. de Filipinas 8 • **Ovahe** ▷ 20 Plaça del Torrejó 5 • **Palladium** ▷ 21 Calle Gerona 40 • **Picadilly** ▷ 22 Calle Gerona 49 • **Pikoteo** ▷ 20 Carrer de Sant Miquel 7 • **Playa Pequeña** ▷ 20 Calle Condestable Zaragoza 27 • **Red Dog** ▷ 21 Calle Lepanto 15 • **Rica's Beach Bar** ▷ 22 Avenida de Madrid 34 • **Richard New Look** ▷ 20 Avinguda Alcoi 7 • **Rockerfel-**

Points of Interest

las Cabaret ▷ 21 Calle Gerona 33 • **Rockstar Benidorm** ▷ 21 Av de Murcia 8 • **Ron's Bar** ▷ 20 Carrer de Sant Pere 1 • **Rosaleda** ▷ 19 Avinguda del Rei Jaume I 1 • **Scoobys** ▷ 20 Carretera Doctor Pérez Llorca 4 • **Sherry's Bar** ▷ 20 Plaça de la Senyoria 5 • **Silver City Sports Bar** ▷ 21 avenida del Mediterráneo - Avinguda del Mediterranio 29 • **Silver Dollar** ▷ 22 Calle Gerona 49 • **Sirocco** ▷ 19 Av. Armada Española 9 • **Sol Beach** ▷ 21 Avinguda de Madrid - Avenida de Madrid 25 • **Stag & Pheasant** ▷ 22 Avenida de Madrid 39 • **Stardust Cabaret** ▷ 21 Calle Gerona 33 • **Steptoes Cabaret** ▷ 21 Calle Lepanto 28 • **Terraza Cactus** ▷ 20 Avinguda d'Alcoi - Avenida de Alcoy 15 • **The 4 Kings** ▷ 21 Av. del Mediterráneo 45 • **The Beer** ▷ 21 avenida del Mediterráneo - Avinguda del Mediterranio 51 • **The Guinness Bar** ▷ 20 Avinguda Alcoi 7 • **The Jungle** ▷ 21 Avinguda de Madrid - Avenida de Madrid 14 • **The Keyhole** ▷ 20 Carretera Doctor Pérez Llorca 4 • **The Lazy Cow** ▷ 21 Avinguda de Madrid - Avenida de Madrid 26 • **The Loft** ▷ 20 Carrer de Sant Miquel 5 • **The Tartan Bar** ▷ 21 Av. de Almería 2 • **The Thistle Bar** ▷ 20 Carrer de Sant Miquel 4 • **The White Lion** ▷ 20 Avinguda d'Alcoi - Avenida de Alcoy 10 • **Tiffani's** ▷ 20 Av. del Mediterráneo 1 • **Town Cabaret** ▷ 21 Av. de Almería 6 • **Triangle** ▷ 22 Av. de Estocolmo 3 • **Uncle Ped's** ▷ 21 Calle Derramador 7 • **Verano Azul** ▷ 19 Avinguda de l'Armada Espanyola 5 • **Western Saloon** ▷ 21 Calle Gerona 39 • **White Horse** ▷ 22 Av. de Estocolmo 7

 CAFES

Amigos ▷ 20 Ctra. Bon Retiro 5 • **Benipark Playa** ▷ 19 Av. Armada Española 3H • **Cafe 23** ▷ 20 Ctra. Quatre Cantons 3 • **Cafetería Agir** ▷ 20 avenida del Mediterráneo - Avinguda del Mediterrani Hotel Agir • **Cafetería Durá** ▷ 21 Avinguda de Madrid - Avenida de Madrid 5 • **Cafetería Nevada** (*regional*) ▷ 15 Calle Islandia 1 • **Cafetería Tanit** ▷ 20 Carrer dels Ametlers - Avenida de los Almendros 1 • **Café Belroy** ▷ 21 Av. del Mediterráneo 539 • **Café Olé** ▷ 21 Calle Derramador 12 • **Café San Remo** ▷ 19 Calle San Pedro 32 • **Caspers** ▷ 20 Carrer Sant Miquel 8 • **Costa Coffee** ▷ 20 Avinguda Alcoi 3 • **El Castell** ▷ 20 Plaça de Castelar 1 • **Friends** ▷ 19 Avinguda de l'Armada Espanyola 3 • **Galera** ▷ 15 CV-70 10 • **Haiti 2** ▷ 19 Calle San Pedro 28 • **Helados Sirvent** ▷ 20 Avinguda Alcoi 2 • **J & J (FALSE)** ▷ 21 Calle Gerona 38 • **J & Js** ▷ 21 Calle Gerona 46 • **Jose & Family** ▷ 22 Av. Ametlla de Mar 11 ☎ 670881516 • **La Mar Salá** ▷ 20 Avinguda Alcoi 3 • **La Moderna** ▷ 21 Av. de Europa 1 • **La Trufa de Oro** ▷ 19 Carrer de Sant Pere 28 • **Las Delicias** ▷ 18 Avinguda de l'Armada Espanyola 25 • **Montesol** ▷ 20 Av. de los Almendros 19 • **Nevada Beach** ▷ 18 Av. Vicente Llorca Alós 3 • **Nicoles** ▷ 16 Av. Juan Fuster Zaragoza 17 • **Pizza4U** (*pizza*) ▷ 20 Carrer Estiu - Calle Verano 2 ☎ +34965040095 • **Sol y Mar** ▷ 19 Av. Armada Española 1 • **Torre Levante** ▷ 21 Avinguda de Madrid - Avenida de Madrid 19 • **Vi Angelo** ▷ 21 Av. Juan Fuster Zaragoza 6A — 22 Av. Juan Fuster Zaragoza 6A

 RESTAURANTS

3 Puntos (*argentinian*) ▷ 20 Avinguda de Bilbao 4 • **Akropolis** (*greek*) ▷ 16 Av. Juan Fuster Zaragoza 17 — (*greek*) 21 Av. Juan Fuster Zaragoza 17 • **Al Andalus** (*regional*) ▷ 20 Carrer de Girona - Calle de Gerona 8 • **Al Terrazzo** (*italian*) ▷ 20 Carrer del Bon Retir 9 • **Arenas** (*regional*) ▷ 20 Avinguda d'Alcoi - Avenida de Alcoy 13

• **Balti House** (*indian*) ▷ 22 Calle de Berlín 1 • **Bar Atxuri** (*regional*) ▷ 20 Calle Santo Domingo 11 • **Bar Palacete** (*regional*) ▷ 22 Av. Madrid 40 • **Bodega bi-arritz** (*regional*) ▷ 20 Carrer de Sant Doménec 17 • **Buffet Isidro** ▷ 21 Av. del Mediterráneo 53 ☎ +34 965854403 • **Chopstix Lulu** (*noodle*) ▷ 20 Carrer del Bon Retir 4 • **Coliseo** (*italian*) ▷ 20 Av. del Mediterráneo 9 • **Curry Leaf** (*indian*) ▷ 22 Calle de Berlín 1 • **Dafa** (*chinese*) ▷ 20 Avenida Sacerdote D. Juan Andrés Rodríguez Serrano 3 • **Del Jamon** (*regional*) ▷ 21 Av. de Mallorca 8 ☎ +34 965852493 • **Domino's Pizza** (*pizza*) ▷ 15 Avenida de Alfonso Puchades 25 • **El Bodegón** (*regional*) ▷ 20 Carrer de Sant Doménec 12 • **El Cachirul** (*regional*) ▷ 21 Avinguda de Madrid - Avenida de Madrid 20 • **El Ceibo** (*steak house*) ▷ 20 Carrer del Bon Retir 5 • **El Corral del Pollo** (*chicken*) ▷ 21 Av de Murcia 11 • **El Embrujo** (*regional*) ▷ 15 Avenida de Andalucia 18 • **El Galeón** (*seafood*) ▷ 20 Avenida Sacerdote D. Juan Andrés Rodríguez Serrano 3 • **El Llagarín** (*regional, asturian*) ▷ 20 Av. Martínez Alejos 7 • **El Pescador** (*fish*) ▷ 20 Calle Alameda 17 • **El Puerto** (*regional*) ▷ 20 Carrer Colón 1 • **El Sombrero Loco** (*mexican*) ▷ 21 Av. Madrid 13 • **El Tamboril** ▷ 21 Avenida de Madrid 22 ☎ 965867342 • **El Yantar d'Asturies** (*regional, asturian*) ▷ 20 Calle Valencia 1 • **Europa Center** (*regional*) ▷ 22 Calle de Berlín 9 • **Freiduría Jesús** (*fish*) ▷ 20 Avenida Sacerdote D. Juan Andrés Rodríguez Serrano 3 • **Gambo Saladar** (*regional*) ▷ 21 Av. del Mediterráneo 15 • **Garibaldi** (*italian*) ▷ 21 avenida del Mediterráneo - Avinguda del Mediterranio 44 • **Grill House** (*steak house*) ▷ 21 avenida del Mediterráneo - Avinguda del Mediterranio 33 • **India Gate** (*indian*) ▷ 20 Carrer de Girona - Calle de Gerona 2 • **Indian Tandoori** (*indian*) ▷ 20 Avenida Valencia 1 • **Jardín Mediterráneo** (*regional*) ▷ 20 Avinguda d'Alcoi - Avenida de Alcoy 22 • **La Bahía** (*regional*) ▷ 21 Avinguda de Madrid - Avenida de Madrid 19 • **La Brassa D'Or** (*steak house*) ▷ 20 Carrer de València 14 • **La Cava Aragonesa** (*regional*) ▷ 20 Plaça de la Constitució 2 • **La Cofradia Vinos Y Tapas** (*regional*) ▷ 19 Calle Gardenias 7 • **La Familia** (*pizza*) ▷ 22 Calle de Berlín 9 • **La Gambita** (*seafood, regional*) ▷ 15 Calle de Tomás Ortuño 96 ☎ +34 965850166 • **La Mejillonera** (*regional*) ▷ 20 Passeig de la Carretera 18 • **La Parrilla de Héctor** (*argentinian*) ▷ 20 Carrer de Girona - Calle de Gerona 3 • **La Pasta** (*italian*) ▷ 20 Ctra. Bon Retiro 4 • **La Rosita** (*regional*) ▷ 20 Avinguda Alcoi 3 • **La Señoría** (*steak*) ▷ 20 Plaça de la Senyoria 8 • **La Taberna del Abuelo** (*regional*) ▷ 20 Carrer de l'Esperanto - Calle del Esperanto 3 • **La Toscana** (*italian*) ▷ 20 Carrer de Girona - Calle de Gerona 3 • **Las Delicious** (*regional*) ▷ 20 Avinguda Alcoi 2 • **Liberty** (*crepe, burger*) ▷ 21 Av de Murcia 11 • **Lizarran** (*regional*) ▷ 20 Carrer de València 16 • **Los Ranchos** (*regional*) ▷ 21 Av. Madrid 9 • **Los Rocieros** (*regional*) ▷ 19 Avinguda de l'Armada Espanyola 9 • **Luccano** (*pizza*) ▷ 21 Av. de Europa 10 • **Mandolino Beach** (*italian*) ▷ 20 Carrer Metge en Cosme Bayona 2 • **Manila** (*regional*) ▷ 20 Avinguda d'Alcoi - Avenida de Alcoy 5 • **Marisquería Córdoba** (*seafood*) ▷ 20 Passeig de la Carretera 22 • **Miguel y Gloria** (*regional*) ▷ 19 Calle Marqués de Comillas 12 • **Monterrey** (*regional*) ▷ 20 Avinguda Alcoi 3 • **Navarrico Playa** (*regional*) ▷ 20 Plaça del Torrejó 2 • **New Delhi** (*indian*) ▷ 18 Avinguda de l'Armada Espanyola 23 • **Nyam** (*regional*) ▷ 20 Carrer de l'Esperanto - Calle del Esperanto 4 • **Oasis** (*regional*) ▷ 22 avenida del Mediterráneo -

Avinguda del Mediterranio 64 • **Ongi Etorri** (*regional*) ▷ 18 Avinguda de l'Armada Espanyola 20 • **Paquillo** (*regional*) ▷ 19 Av. Armada Española 15 • **Pato Laqueado** (*chinese*) ▷ 20 Calle Costera del Campo 2A • **Pintxos Aurerra** (*regional*) ▷ 20 Calle Costera Hostal 18 • **Pizza Bella** (*pizza*) ▷ 15 Calle Dinamarca 3 • **Pizzería Avanti** (*pizza*) ▷ 20 Travesía Sant Miquel 3 • **Pollo Expresss** (*Pollos a la parrilla, carne a la brasa, Costillas, chorizo*) ▷ 15 Calle Invierno 11 ☎ +34966807353 • **Punto de Sal** (*regional*) ▷ 20 Plaça del Torrejó 3 • **Sabores Mare Nostrum** (*regional*) ▷ 22 Av. Madrid 40 • **Saltoki Txiki** (*regional*) ▷ 20 Calle Santo Domingo 13 • **San Remo da Pier** (*pizza*) ▷ 19 Av. Armada Española 13B • **Sherpa** (*asian*) ▷ 20 Carrer de Sant Roc 11 • **Son de Mar** (*regional*) ▷ 20 Plaça del Torrejó 1 • **Spasso** (*italian*) ▷ 20 Plaça del Torrejó 4 • **Sunbeach** (*regional*) ▷ 18 Avinguda de l'Armada Espanyola 25 • **TGB** (*burger*) ▷ 20 Carrer de València 1 — (*burger*) 21 avenida del Mediterráneo - Avinguda del Mediterranio 41 • **Taberna Andaluza** (*regional*) ▷ 20 Carrer de l'Esperanto - Calle del Esperanto 4 • **Taberna Saltoki** (*regional, basque*) ▷ 20 Carrer de Martínez Oriola 16 • **Tabernita del Sur** (*regional*) ▷ 20 Plaça de Constitució 12 • **Taj Mahal** (*indian*) ▷ 22 Av. Ametlla de Mar 219 • **Tale Quale** (*italian*) ▷ 20 Av. del Mediterráneo 2 • **Talotako** (*regional*) ▷ 20 Carrer de Sant Doménec 8 • **Tapas & Vino** (*regional*) ▷ 20 Calle Santo Domingo 10 • **Tapeo Andaluz El** (*regional*) ▷ 21 Calle Ibiza 12 • **Tasca y Basta** (*regional*) ▷ 20 Carrer de Martínez Oriola 25 • **Telepizza** (*pizza*) ▷ 21 Av. de Europa 9 • **The Loft** (*regional*) ▷ 20 Carrer del Pintor Lozano 6 • **The Vagabond** (*french*) ▷ 20 Calle la Palma 15 • **Tony Roma's** (*ribs*) ▷ 21 avenida del Mediterráneo - Avinguda del Mediterranio 28 • **Topo Gigio** (*italian*) ▷ 20 Avenida Sacerdote D. Juan Andrés Rodríguez Serrano 3 • **Tragantúa** (*regional*) ▷ 20 Plaça de la Constitució 8 • **Turia** (*regional*) ▷ 18 Avinguda de Vicent Llorca Alós 8 • **Ulia** (*regional*) ▷ 18 Avinguda de Vicent Llorca Alós 15 • **Umai** (*japanese*) ▷ 21 avenida del Mediterráneo - Avinguda del Mediterrani 13 (Hotel Belroy) • **Va Bene** ▷ 20 Avenida de Bilbao 3 ☎ +34 965 85 69 12 • **Va Bene Pizzeria** (*pasta, italian pizza*) ▷ 18 Av. Vicente Llorca Alós 15 • **Vimi** (*regional*) ▷ 18 Avinguda de Vicent Llorca Alós 14 • **Zarteona** (*regional*) ▷ 20 Calle Santo Domingo 12

EDUCATION

 LIBRARIES

Biblioteca Pública Municipal Central Benidorm ▷ 20 Plaza de SS. MM. Los Reyes de España 3 • **Biblioteca Pública Municipal Foietes Benidorm** ▷ 14 Calle Goya 39 • **Biblioteca Pública Municipal Racó de l'Oix** ▷ 22 Av. Juan Fuster Zaragoza 1

ENTERTAINMENT

 CASINOS

Casino Mediterráneo ▷ 22 Av. del Mediterráneo 55

FINANCE

 ATMS

BBVA ▷ 20 Calle Puente 1 • **Bankia** ▷ 20 Calle Puente 1 • **Bankinter** ▷ 20 Calle Gambo 5 • **CaixaBank** ▷ 15 Calle Mirador 14 — 15 CV-70 20 — 20 Av. Emilio Ortuño 1 • **Sabadell** ▷ 20 Calle Puente 1 • **Santander** ▷ 21 Calle Gerona 47 — 22 Calle Gerona 47

🏦 BANKS

BBVA ▷ 22 Av. del Mediterráneo 68 • **Banc Sabadell** ▷ 22 Av. Juan Fuster Zaragoza 2 • **Banco Popular** ▷ 20 Carrer de Gambo 6 — 22 Av. Ametlla de Mar 16 • **Bankia** ▷ 21 avenida del Mediterráneo - Avinguda del Mediterranio 38 • **Caixa Galicia** ▷ 21 Av. de Europa 6 • **CaixaBank** ▷ 21 Av. de Europa 1 — 21 Av. del Mediterráneo 54 • **Caixacallosa** ▷ 20 avenida del Mediterráneo - Avinguda del Mediterrani 9 • **Cajastur** ▷ 20 Alameda de l'Alcalde Pedro Zaragoza Orts 22 • **Deutsche Bank** ▷ 20 Vía Emilio Ortuño 4 • **Kutxabank** ▷ 20 Alameda de l'Alcalde Pedro Zaragoza Orts 19 — 21 avenida del Mediterráneo - Avinguda del Mediterranio 43 • **Sabadell** ▷ 20 Alameda de l'Alcalde Pedro Zaragoza Orts 17 • **Santander** ▷ 15 Calle de Tomás Ortuño 83 — 20 Alameda de l'Alcalde Pedro Zaragoza Orts 11 — 20 Carrer de València 4 — 21 Av. del Mediterráneo 62

 EXCHANGE BUREAUS

Revert ▷ 22 Av. Ametlla de Mar 219

HEALTH

 CLINICS

Consultorio Rincón de Loix ▷ 22 Av. Juan Fuster Zaragoza 2

 DENTISTS

Beniloixdental ▷ 22 Av. Ametlla de Mar 6 • **Clinica Arias Dental** ▷ 20 Calle de Antonio Ramos Carratalá 3 • **Clinica Dental Dr. Marcelo Arribas** ▷ 15 Calle Venus 2 • **Clínica Dental** ▷ 15 Avinguda Rei Jaume I 70 • **Clínica dental** ▷ 15 Avinguda Alfonso Puchades 21 ☎ 965 86 26 12

 PHARMACIES

FARMACIA LDO. JOSE PASCUAL NAVARRO ▷ 22 Av. Juan Fuster Zaragoza 2 • **Farmacia Balaguer Puchades** ▷ 20 Calle Valencia 4 • **Farmacia Carbonell** ▷ 14 Avenida de los Limones 29 • **Farmacia Jesus Garcia** ▷ 15 Carrer Finlandia 2 • **Farmacia Luz CB** ▷ 20 Passeig de la Carretera 27 • **Farmacia Martínez de la Cámara** ▷ 20 Calle Alameda 1 • **Farmacia Ochoa** ▷ 22 Av. de Montecarlo 13 • **Farmacia Sala Vallejo** ▷ 20 Avinguda Alcoi 20 • **Farmacia los Almendros** ▷ 20 Carrer de L' Almadrava 2 • **Jorge Crespo Soria** ▷ 17 Avenida del Doctor Severo Ochoa 7

SHOPS & SERVICES

Filipinas 2

 POLICE

Expedición DNI y pasaporte ▷ 15 Aviguda de Callosa d'en Sarrià 2 • Guardia Civil ▷ 14 Carrer del Capità Cortés 2 ☎ 965854272 • Policía Local Playas ▷ 19 Passeig de Colón 7

 SUPERMARKETS

Carrefour Express ▷ 19 Av. Armada Española 11 — 20 Avinguda d'Alcoi - Avenida de Alcoy 7 — 21 avenida del Mediterráneo - Avinguda del Mediterranio 15 • Consum ▷ 15 Calle de Urano 3 — 15 Av. de Holanda 4 — 20 avenida del Mediterráneo - Avinguda del Mediterrani 8 — 20 Carrer de les Ferreries 3 — 21 Calle Ibiza 13 • Dialprix ▷ 22 Av. Juan Fuster Zaragoza 2 • Don Miguel ▷ 22 Av. Madrid 38 • El Rey de los Caramelos ▷ 21 Av. de Cuenca 3 • Europa Express ▷ 21 Avinguda de Madrid - Avenida de Madrid 1 • Hiperber ▷ 15 Av. de Andalucía 25 • Loix ▷ 21 Calle Lepanto 28 • Marisol ▷ 19 Av. Armada Española 3E • Mas y Mas ▷ 14 Calle Tordo 1 • Mercadona ▷ 20 Calle de Tomás Ortuño 5 • Mercaloix ▷ 22 Av. Ametlla de Mar 11 • Mercat Municipal de Benidorm ▷ 20 Calle de Tomás Ortuño 7 • Principado (regional) ▷ 21 Avinguda de Madrid - Avenida de Madrid 26 • Quick Save ▷ 22 Av. de Estocolmo 3 • Suoermercado Vidal ▷ 15 Avinguda Alfonso Puchades 13 • Super Cervantes ▷ 21 Av. de Europa 11 • Supercor exprés ▷ 20 Avinguda d'Alcoi - Avenida de Alcoy 12 • Supermercado Pérez ▷ 20 Avinguda Alcoi 7 • Udaco ▷ 18 Av. Armada Española 15 • Veracruz ▷ 21 Av. Madrid 23 • Yago ▷ 21 Av. de

TOURISM

 INFORMATION

Extensión Administrativa Els Tolls - Salt de l'Aigua ▷ 15 Avinguda d'Andalusia 9 ☎ 96 680 98 32 • Extensión Administrativa Foietes - Colonia Madrid (PROP) ▷ 14 Avinguda de Beniardà 61 ☎ 96 680 82 09 • Extensión Administrativa Municipal Alfredo Corral - Maravall - Plaza de España ▷ 15 Avenida de Los Limones 24 ☎ 96 680 56 00 • Extensión Administrativa Rincón de Loix (PROP) ▷ 22 Avinguda de Juan Fuster Zaragoza 2 ☎ 96 680 97 15 • Oficina De Información y Turismo Torrejó ▷ 20 Carrer Metge en Cosme Bayona 1 • Oficina de Atención al Ciudadano ▷ 20 Plaza de SS.MM. Los reyes de España 1 ☎ 96 681 55 03 • Tourist info Benidorm Europa ▷ 21 Av. de Europa 15

 RELIGIOUS

Cementeri de la Mare de Déu del Sofratge ▷ 19 Av. de Uruguay 310 • Parroquia El Buen Pastor ▷ 19 Calle Sacerdote D Tomás Garc 3 • Parroquia de San Francisco de Asís ▷ 15 Av. de Bélgica 16

TRANSPORT

Rent A Bike Amsterdam ▷ 22 Calle

de Berlín 6 • **TAO** ▷ 21 Av. Castelló N4

 CAR RENTALS

Centauro Rent a Car ▷ 22 Calle de Berlín 2 • **Europcar** ▷ 21 avenida del Mediterráneo - Avinguda del Mediterranio 39 (Bajos Hotel Don Pancho)

 FUEL STATIONS

BP ▷ 16 AVENIDA COMUNIDAD VALENCIANA 18

 STATIONS

Benidorm Avd.Europa ▷ 21 Av. de Europa 8

Map Overview

	Archaeological site		Information
	Artwork		Jewish synagogue
	Atm		Kiosk
	Bar		Library
	Bicycle rental		Lighthouse
	Biergarten		Memorial
	Buddhist temple		Monument
	Bus station		Museum
	Bus stop		Muslim mosque
	Cafe		Parking
	Camping site		Peak
	Car rental		Pharmacy
	Cave entrance		Picnic site
	Chalet		Playground
	Church / Monastery		Police
	Cinema		Post office
	Courthouse		Prison
	Department store		Pub
	Drinking water		Railway
	Dry cleaning		Restaurant
	Embassy		Shinto temple
	Fast food		Sikh temple
	Ferry terminal		Sports centre
	Fire station		Supermarket
	Fountain		Taxi
	Fuel		Telephone
	Golf course		Theatre
	Hindu temple		Toilets
	Hospital		Townhall
	Hostel		Traffic signals
	Hotel		Windmill

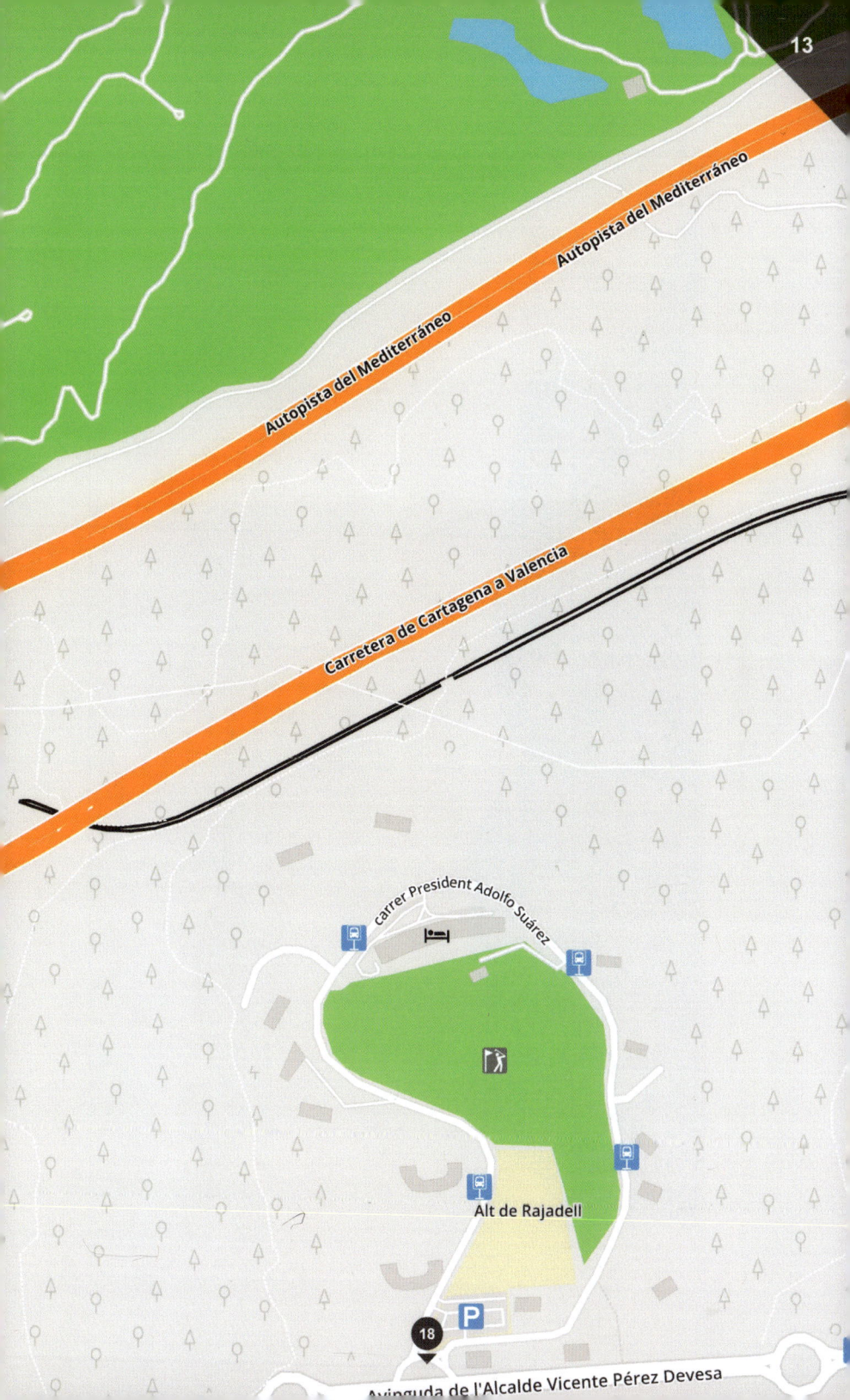

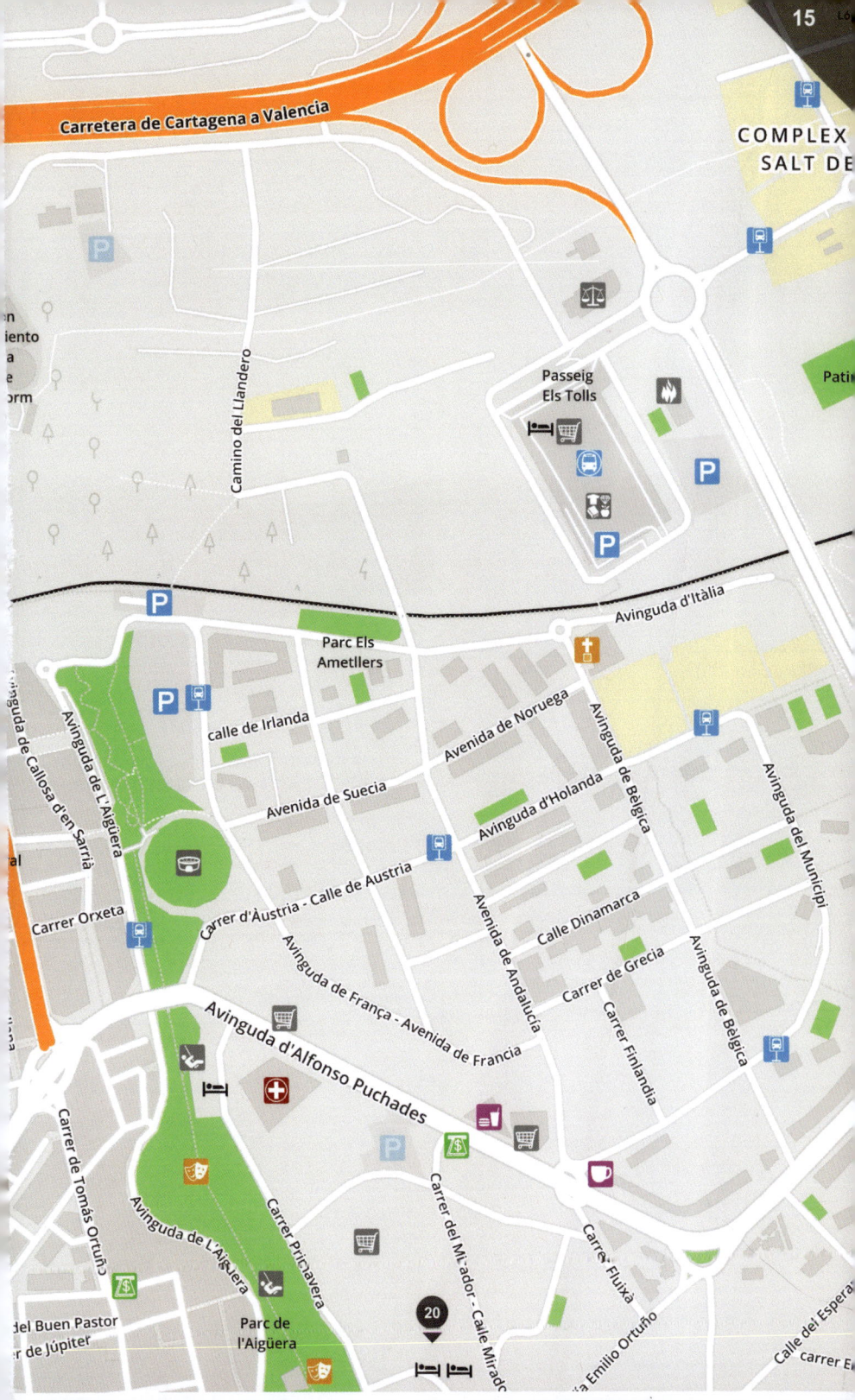

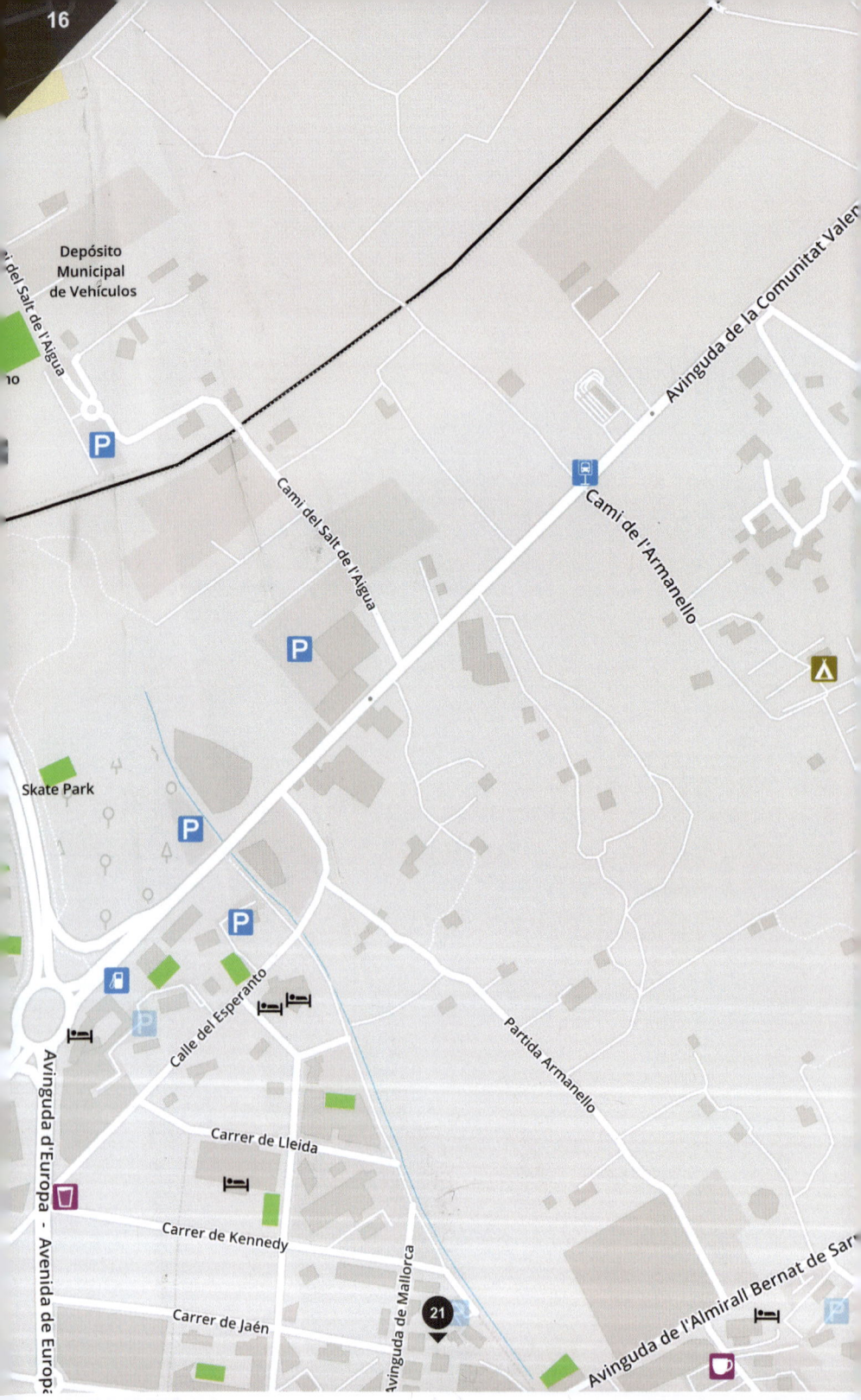

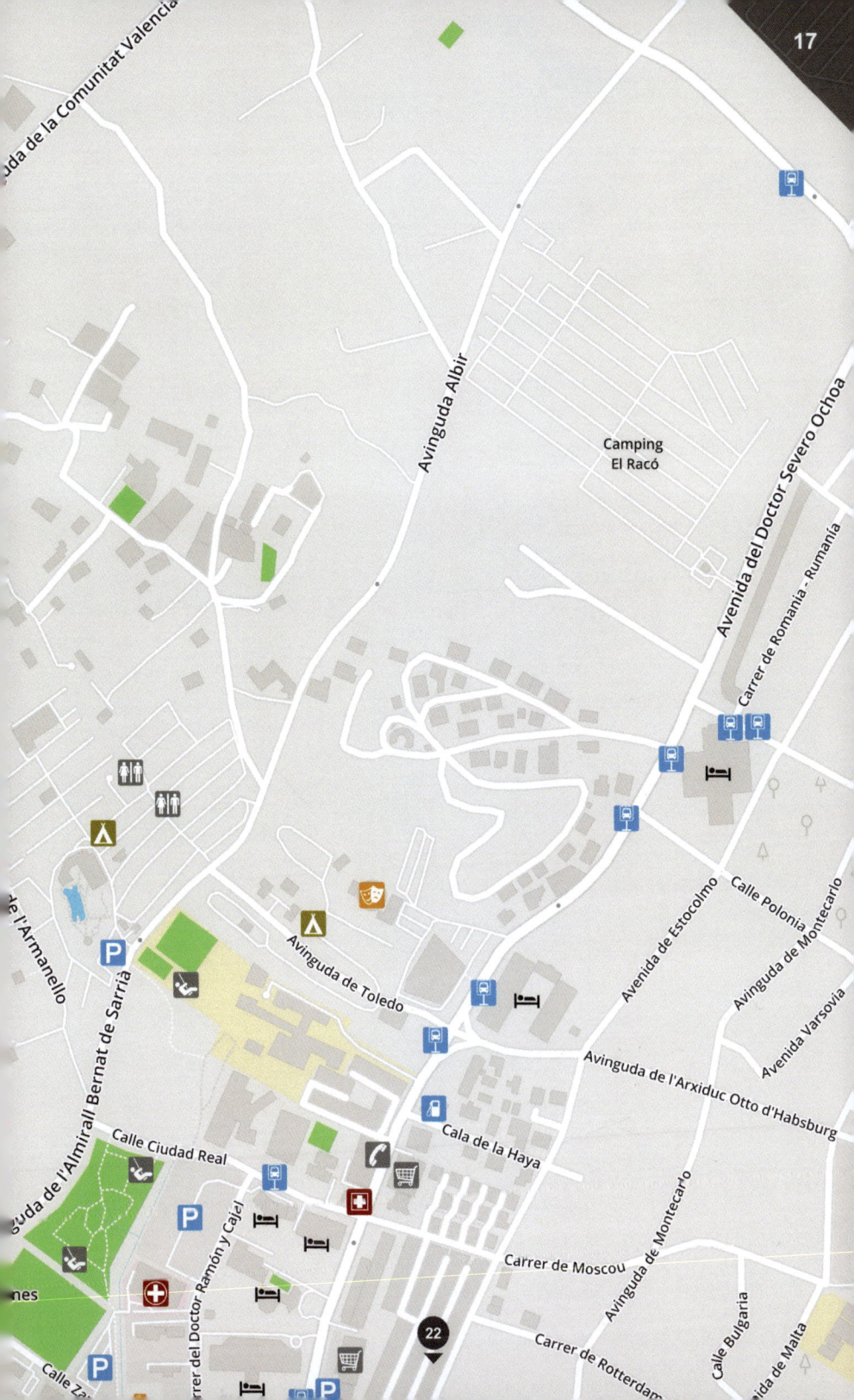

PONENT - PONIENTE

Avinguda de l'Alcalde Vicente Pe...
Avinguda de Colòmbia
Avinguda de Mèxic
Avenida de Bolívia
Avinguda del Murtal
Avinguda de La Vila Joiosa
Calle Murtal
Carrer de Santander
Avinguda de Vicent Llorca Alós
Avinguda de l'Armada Espanyola
Paseo Marítimo de Ponie...

Playa de Poniente

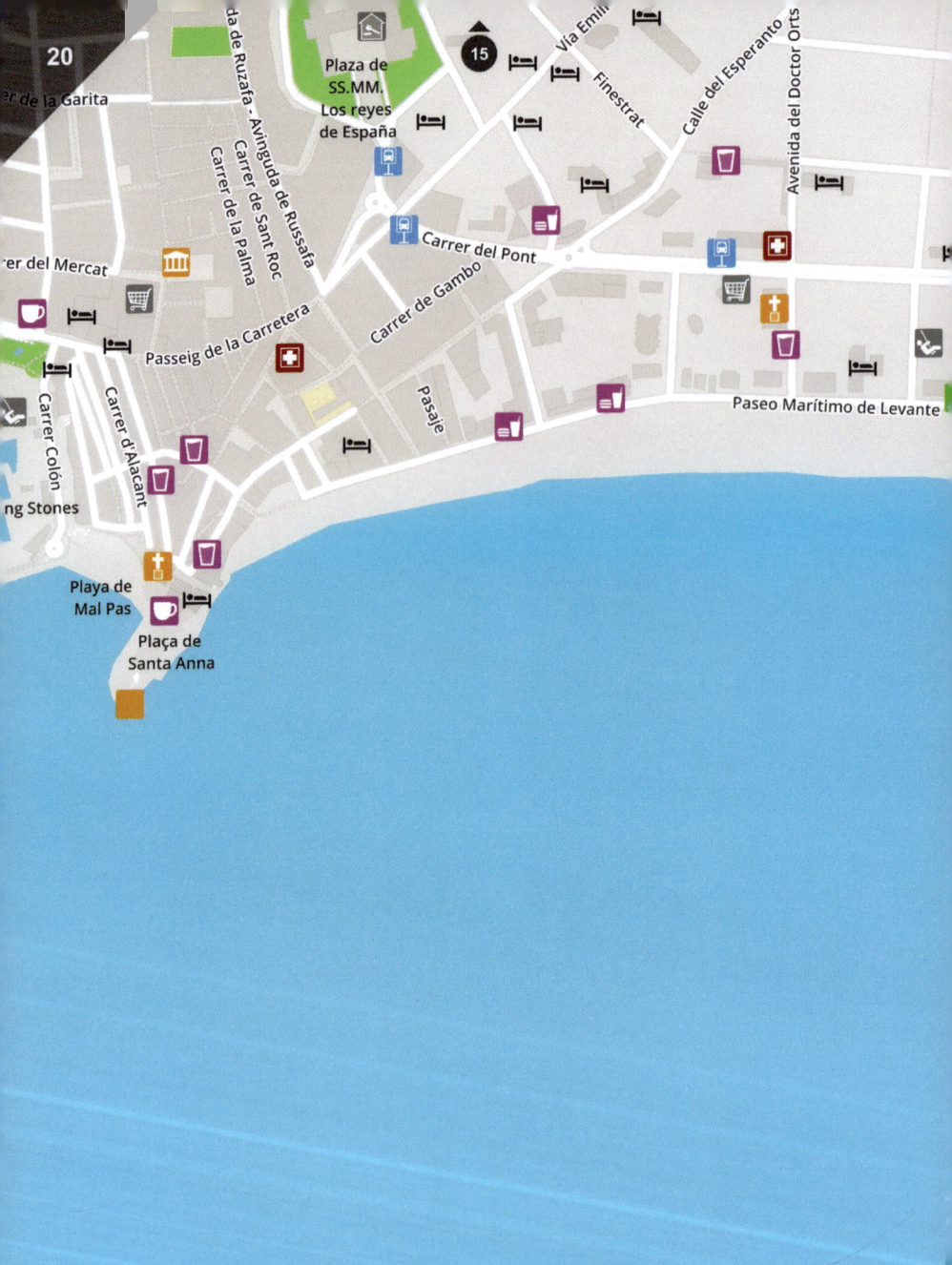

BASICS

Hello

Hola
ˈo.la

Good morning

Buenos días
ˈbwe.nos̺ ˈði.as

Good evening

Buenas tardes
ˈbwe.nas ˈtar.ðes

How are you?

¿Cómo estás? / qué tal?
ˈko.mo ɛs.ˈtas? / ˈke ˈtal?

Fine, thank you

Muy bien, gracias.
mwi ˈβjẽn, ˈgra.θjas.

What is your name?

¿Cómo te llamas?
ˈko.mo te ˈja.mas?

My name is _____

Me llamo _____
me ˈja.mo

Nice to meet you

Encantado/a
ẽŋ.kãn̪.ta.ˈðo/a

Please

Por favor
por fa.ˈβor

Thank you

Gracias
ˈgra.θjas

You're welcome

De nada
de ˈna.ða

Yes

Sí
ˈsi

No

No
ˈno

Excuse me

Perdone
pɛr.ˈðo.ne

I'm sorry

Lo siento
lo ˈsjẽn̪.to

Goodbye

Adios
a.ˈðjos

I can't speak ___ [well]

No hablo [bien] español
ˈno ˈa.βlo [ˈbjẽn] ɛs.pa.ˈɲol

Do you speak English?

¿Hablas inglés?
ˈa.βlas ĩŋ.ˈgles?

I don't understand

No entiendo
ˈno ẽn̪.ˈtjẽn̪.do

PROBLEMS

Help!

¡Ayuda!
a.ˈju.ða!

Police!

¡Policía!
po.li.ˈθi.a!

I'm lost

Estoy perdido/a
ɛs.ˈtoi̯ pɛɾ.ði.ˈðo/a

Can I use your phone?

¿Puedo usar su teléfono?
¿ˈpwe.ðo u̯.ˈsar su te.ˈle.fo.no?

NUMBERS

1
uno
ˈu.no

2
dos
ˈdos

3
tres
ˈtres

4
cuatro
ˈkwa.tro

5
cinco
ˈθĩŋ.ko

6
seis
ˈsei̯s

7
siete
ˈsjɛ.te

8
ocho
ˈo.tʃo

9

nueve
ˈnwe.βe

10

diez
ˈdjɛθ

20

veinte
ˈbein̯.te

30

treinta
ˈtrein̯.ta

40

cuarenta
kwa.ˈrẽn̯.ta

50

cincuenta
θĩŋ.ˈkwẽn̯.ta

60

sesenta
se.ˈsẽn̯.ta

70

setenta
sɛ.ˈtẽn̯.ta

80

ochenta
o.ˈtʃẽn̯.ta

90

noventa
no.ˈβẽn̯.ta

100

cien
ˈθjẽn

1000

mil
ˈmil

DAYS

today

hoy
ˈoi̯

yesterday

ayer
a.ˈi̯ɛr

tomorrow

mañana
ma.ˈɲa.na

Monday

lunes
ˈlu.nes

Tuesday

martes
ˈmaɾ.tes

Wednesday

miércoles
ˈmjɛɾ.ko.les

Thursday

jueves
ˈxwe.βes

Friday

viernes
ˈbjɛɾ.nes

Saturday

sábado
ˈsa.βa.ðo

Sunday

domingo
do.ˈmĩŋ.ɡo

MONTHS

January

enero
e.ˈnɛ.ɾo

February

febrero
fe.ˈβɾɛ.ɾo

March

marzo
ˈmaɾ.θo

April

abril
a.ˈβɾil

May

mayo
ˈma.jo

June

junio
ˈxu.njo

July

julio
ˈxu.ljo

August

agosto
a.ˈɣos.to

September

septiembre
sepˑˈtjẽm.bɾe

October

octubre
okˑˈtu.βɾe

November

noviembre
no.ˈβjẽm.bre

December

diciembre
di.ˈθjẽm.bre

COLORS

black

negro
ˈne.ɣro

white

blanco
ˈblãŋ.ko

red

rojo
ˈro.xo

green

verde
ˈbɛr.ðe

blue

azul
a.ˈθul

yellow

amarillo
a.ma.ˈri.jo

orange

naranja
na.ˈrãŋ.xa

LODGING

Do you have any rooms available?

¿Hay habitaciones libres?
¿ˈaj a.βi.ta.ˈθjo.nes̬ ˈli.βres?

I will stay for _____ night(s)

Me quedaré _____ noche(s)
me ke.ða.ˈre _____ ˈno.tʃe(s)

I want to check out

Quiero dejar el hotel
ˈkjɛ.ro ðe.ˈxar ɛl o.ˈtɛl

MOVING AROUND

How much is a ticket to _____?

¿Cuánto cuesta un billete a _____?
¿ˈkwãn.to ˈkwɛs.ta ũm bi.ˈjɛ.te a _____?

One ticket to _____, please

Un billete a _____, por favor.
ũm bi.ˈjɛ.te a _____, por fa.ˈβor.

How do I get to ____?

¿Cómo puedo llegar a ___?
¿ˈko.mo ˈpwe.ðo je.ˈɣar a ___?

...the train station?

...a la estación de tren?
...a la ɛs.ta.ˈθjõn̪ de ˈtrẽn?

...the bus station?

...a la estación de autobuses?
...a la ɛs.ta.ˈθjõn̪ de au̯.to.ˈβu.ses?

...the airport?

...al aeropuerto?
...al a.ɛ.ro.ˈpwɛr.to?

EATING

Can I look at the menu, please?

¿Puedo ver el menú, por favor?
ˈpwe.ðo ˈβɛr ɛl me.ˈnu, por fa.ˈβor?

I would like ____

Quiero ___
ˈkjɛ.ro ___

SHOPPING

How much is this?

¿Cuánto cuesta?
ˈkwãn̪.to ˈkwɛs.ta?

expensive

caro
ˈka.ro

cheap

barato
ba.ˈra.to

I don't want it

No lo quiero
ˈno lo ˈkjɛ.ro

OK, I'll take it

De acuerdo, me lo llevaré
de a.ˈkwɛr.ðo, me lo je.βa.ˈre

Printed in Great Britain
by Amazon

49789784R00021